RÈGLEMENT

POUR LES ENFANTS

QUI FRÉQUENTENT

LES ÉCOLES CHRÉTIENNES

DES

SOEURS DE L'INSTRUCTION DE L'ENFANT JÉSUS

DE LA MAISON DU PUY.

CLERMONT-FERRAND,

A LA LIBRAIRIE CATHOLIQUE,

RUE BARBANÇON

PERMISSION.

Joseph-Auguste-Victorin DE MORLHON, par la grâce de Dieu et l'autorité du Saint-Siége apostolique, évêque du Puy.

Nous avons permis et permettons par ces présentes la réimpression du livre intitulé : *Règlement pour les enfants qui fréquentent les écoles chrétiennes des Sœurs de l'Instruction de l'Enfant-Jésus de la maison du Puy.*

Donné au Puy, le 14 juin 1857.

† AUGUSTE, évêque du Puy.

Par mandement de Monseigneur :
ALIROL, *Chanoine, Secrétaire.*

† A B C D
E F G H I
J K L M N
O P Q R S
T U V X Y
Z Æ ŒE.

4

✝ a b c d
e f g h i j k
l m n o p q
r s t u v x y
z æ œ ç ff fi
ffi fl w.

ALPHABET

EN DIFFÉRENTS CARACTÈRES,

Et la véritable manière de prononcer les consonnes.

Romain.	Italique.	CAPITALES.	Il faut prononcer.
a	*a*	A	a.
b	*b*	B	be.
c	*c*	C	ce ou *que.*
d	*d*	D	de.
e	*e*	E	e.
f	*f*	F	fe.
g	*g*	G	ge ou *gue.*
h	*h*	H	he.
i	*i*	I	i.
j	*j*	J	je.
k	*k*	K	ke.
l	*l*	L	le.

Romain.	Italique.	CAPITALES.	Il faut prononcer.
m	*m*	M	me.
n	*n*	N	ne.
o	*o*	O	o.
p	*p*	P	pe.
q	*q*	Q	que.
r	*r*	R	re.
s	*s*	S	se.
t	*t*	T	te.
u	*u*	U	u.
v	*v*	V	ve.
x	*x*	X	kse ou gse.
y	*y*	Y	i ou ye.
z	*z*	Z	ze.

Alphabet renversé.

z, y, x, v, u, t, s, r, q, p, o, n, m, l, k, j, i, h, g, f, e, d, c, b, a.

Alphabet mêlé.

**b, k, n, r, m, c, p, u, j, q, g, z, f,
d, l, e, h, i, a, s, x, o, t, y, v.**

Sons formés d'une consonne et d'une voyelle.

ba,	be,	bi,	bo,	bu.
ca,	ce,	ci,	co,	cu.
da,	de,	di,	do,	du.
fa,	fe,	fi,	fo,	fu.
ga,	ge,	gi,	go,	gu.
ha,	he,	hi,	ho,	hu.
ja,	je,	ji,	jo,	ju.
la,	le,	li,	lo,	lu.
ma,	me,	mi,	mo,	mu.
na,	ne,	ni,	no,	nu.
pa,	pe,	pi,	po,	pu.
qua,	que,	qui,	quo,	quu.
ra,	re,	ri,	ro,	ru.

sa, se, si, so, su.
ta, te, ti, to, tu,
va, ve, vi, vo, vu,
xa, xe, xi, xo, xu.
za, ze, zi, zo, zu.

Sons formés d'une voyelle et d'une consonne.

ab, eb, ib, ob, ub,
ac, ec, ic, oc, uc,
ad, ed, id, od, ud.
af, ef, if, of, uf.
etc., etc., etc.

---

bla, ble, bli, blo, blu.
bra, bre, bri, bro, bru.
chra, chre, chri, chro, chru.
cla, cle, cli, clo, clu.
dra, dre, dri, dro, dru.

fra, fre, fri, fro, fru.
gla, gle, gli, glo, glu.
gna, gne, gni, gno, gnu.
gra, gre, gri, gro, gru.
gua, gue, gui, guo, guu.
pla, ple, pli, plo, plu.
pra, pre, pri, pro, pru.
pha, phe, phi, pho, phu.
spa, spe, spi, spo, spu.
sta, ste, sti, sto, stu.
tla, tle, tli, tlo, tlu.
tra, tre, tri, tro, tru.
tha, the, thi, tho, thu.
vra, vre, vri, vro, vru.

Des diverses sortes d'e.

bé, bè, bê, cé, cè, cê.
dé, fè, gê, hé, jè, lê.

mé, nè, pê, qué, rè, sê.
té, vé, xê, zé, éb, èb.
êb, éc, èd, êf, blé, brè.
chrê, clé, drè, frê, glé, gnè
grè, jué, plè, prê, phé, spè.
stê, tlé, trè, vrê, etc., etc.

Mots qui n'ont qu'un son ou qu'une syllabe.

Dieu,   **Saint.**
Paul,   **Jean.**
Marc,   **Croix.**
Mort,   **Corps.**

Mots de deux syllabes.

Jé-sus,   **Sau-veur.**
Es-prit,   **Di-vin.**
Sei-gneur,   **An-ge.**
Mi-chel,   **An-dré.**

Mots de trois syllabes.

Tri-ni-té,   Mys-tè-re.
Cré-a-teur,   Sa-cre-ment
Ré-demp-teur,   Pa-ra-dis.
Vi-er-ge,   Ma-ri-e.

Mots de quatre syllabes.

E-van-gi-le,   Re-li-gi-on.
Com-mu-ni-on,   Ré-demp-ti-on.
Pro-ces-si-on,   Dé-ca-lo-gue
Pé-ni-ten-ce,   Pa-ti-en-ce.
Thé-o-lo-gie,   An-gé-li-que
In-no-cen-ce,   Af-flic-ti-ons
Abs-ti-nen-ce,   In-tel-li-gent
Es-pé-ran-ce,   As-cen-si-on
Ba-si-li-que,   E-ter-ni-té.

Mots de cinq syllabes.

Con-fir-ma-tion, Ré-sur-rec-ti-on
In-car-na-ti-on, Mi-sé-ri-cor-de.

In-tel-li-gen-ce, Per-sé-cu-ti-on.
Cha-ri-ta-ble-me^{nt} Pé-ni-ten-ti-aux.

Voyelles.

a, e, i ou y, o, u.

Consonnes.

b, c, d, f, g, h, j, k, l, m, n,
p, q, r, s, t, v, x, z.

Accents.

Accent aigu (′).
Accent grave (`).
Accent circonflexe (^).
Accent tréma (¨).
Apostrophe (').

Des diverses sortes d'e.

Notre langue a plusieurs sortes d'*e*, savoir :

L'*e* muet, qui est sans accent, qui n'a qu'un son obscur et peu sensible, comme dans *mesure, demande* (e).

L'*é* fermé, qui a l'accent aigu et qui se prononce la bouche tant soit peu ouverte comme *vérité*, cha*ri*té (é).

L'*è* ouvert, qui a l'accent grave et qui se prononce en ouvrant davantage la bouche, comme suc*cès*, pro*cès*.

L'*ê* fort ouvert, qui a l'accent circonflexe et qui se prononce en ouvrant de même la bouche et appuyant sur cette lettre, comme *fê*te, tem*pê*te (ê).

Ponctuation.

(,) Virgule.
(;) Point-virgule.
(:) Deux-points.
(.) Point.
(?) Point interrogatif.
(!) Point admiratif.

Syllabes.

On appelle *syllabe* une ou plusieurs lettres que l'on prononce séparément, *a-mi, é-cri-tu-re, chapeau.*

Diphthongues.

Les diphthongues sont des assemblages de plusieurs voyelles qui expriment un son double, et néanmoins se prononcent par une seule émission de voix, comme l*iar*d, p*iè*ce, j*ui*n, D*ieu*, m*oi*ns.

RÈGLEMENT DES ENFANTS.

1. Ne soyez pas pa res seuse pour vous lever, ma chè re en fant. Fai tes d'a bord le signe de la croix et don nez vo-

tre cœur à Dieu. Habillez-vous avec une grande modestie. Mettez-vous en suite à genoux et faites votre prière avec la famille, s'il se peut.

Après vôtre prière, vous souhaiterez le bonjour à vos parents.

2. Ne manquez pas de vous peigner tous les jours, de vous laver

le vi sa ge et les mains, de vous fai re les on- gles et d'a voir u ne gran de pro pre té en tout : la ci vi li- té et vo tre san- té l'e xi gent.

3. Ren dez-

vous à l'é co le a vec beau coup d'e xac ti tu de. So yez bien mo- des te en che- min, et ne vous ar rê tez nul le part.

4. En en trant en clas se, vous

vous met trez à ge noux devant l'i ma ge de la sain te Vier ge, pour di re : *Je vous sa lue*, et vous i rez à la place qui vous au ra été as si gnée.

5. Depuis le moment que vous serez entrée, jusqu'à ce que vous sortiez de classe, vous garderez le silence le plus exact. Vous étudierez votre

le çon sans é le-
ver la voix.

6. La clas se com men ce ra par une pri è re; vous la ré ci te rez a vec beau coup d'at ten tion et de dé vo tion; c'est ainsi,

ma chère enfant, que vous devez toujours prier Dieu.

7. Vous ne sortirez pas de la classe sans permission, ni lorsqu'il y en aura

u ne au tre de-
hors.

8. Vous par-
le rez tou jours
fran çais à vos
maî tres ses,
ain si qu'à vos
com pa gnes.
Vous ne de vez
tu to yer per-

sonne, ni donner des sobriquets, ni vous moquer de quique ce soit, ni lui reprocher ses défauts.

9. Ne soyez point rapporteuse. Vous de-

vez mê me endurer patiemment une réprimand de que l'on vous fait par mé prise plutôt que de nommer celle de vos compagnes qui l'a méritée.

10. Quand on vous repren dra, vous ne con tes te rez point et ne cher che rez pas à vous jus ti fi er. Vous é cou te rez hum ble ment ce qui

vous se ra dit, et vous re mer- ci e rez la maî- tres se.

11. Vous tien- drez la mê me con dui te, si vos maîtres ses vous im po sent quel que pé ni- ten ce.

12. E tudiez toujours bien votre leçon. Quand on vous la fera dire, soyez très-attentive. Ne suivez pas avec une moindre attention celles

qui sont de la mê me di vi- si on ; et, a près que tou tes ont lu, re pas sez vo tre le çon, a fin de mieux é vi ter les fau- tes pour les- quelles vous ou

les au tres au-
rez été re pri-
se.

13. Ac cou tu mez-
vous à sui vre le sens
de ce que vous li sez,
à fai re sen tir les
points et les vir gu les,
à bien pro non cer et
à cor ri ger vo tre
mau vais ac cent.

14. En é cri vant,

te nez bien vo tre plume, for mez bien vos let tres, qu'el les soient bien lié es; que les mots soient bien sé parés les uns des au tres, et que le tout soit fait a vec beau coup de net te té.

A yez donc sou vent les yeux sur vo tre modè le.

Ac cou tu mez-vous

à bien mettre l'orthographe.

15. Veillez à ce que votre cahier, vos plumes, vos modèles, vos livres ne s'égarent point et soient toujours propres. Aimez en tout l'ordre et la propreté.

16. Exercez de bonne heure votre mémoire, pendant

la de mi-heure où l'on ap prend par cœur. Vous ap pren drez d'a- bord la pri è re du ma tin et du soir, et le ca té chis me.

17. Du rant l'heu- re du ca té chis me, so yez très-at ten ti ve, a fin de sui vre l'ex- pli ca tion qui en est fai te.

S'il y a quel que

cho se que vous ne com pre nez pas, pri-ez la maî tres se de vous l'ex pli quer. Le ca té chis me, ma chè-re en fant, est la sci en-ce du sa lut. Le soir, vous ré pè te rez à vos frè res, à vos sœurs et aux do mes ti ques ce qu'on vous au ra ap-pris en clas se.

18. Lors qu'on fe ra

la prière du matin et celle du soir, vous suivrez tout bas avec respect et dévotion, vous accoutumant à entrer dans les sentiments que votre bouche exprime. Cette prière ne vous dispensera pas de celle que vous devez faire à la maison.

19. Vous irez à la

sain te Mes se deux à deux, mo des te ment et en si len ce, vous pré pa rant à y as sis- ter a vec pi é té.

20. En en trant à l'é gli se, cel le qui est du cô té du bé ni tier pré sen te ra de l'eau bé ni te à sa com pa- gne. Vous vous ran- ge rez qua tre à qua- tre à la pla ce qui

vous au ra été as si-
gnée.

21. Vous au rez vo-
tre li vre de vant les
yeux pen dant la Mes-
se pour en li re les
pri è res dé vo te ment.
Si vous ne sa vez pas
en co re bien lire, vous
di rez a vec pi é té vo-
tre cha pe let.

22. A près la Mes se,
vous vous re met trez

à ge noux, pour re-
mer ci er le bon Dieu ;
et au si gnal qui se ra
don né, vous re tour-
ne rez à l'é co le, dans
le mê me or dre que
vous ê tes ve nu es,
tou jours en si len ce
et a vec re cueil le-
ment.

23. A yez du zè le
à ap pren dre des can-
ti ques, et pre nez l'ha-

bi tu de d'en sui vre le sens quand vous les chan tez.

24. Vous n'au rez point d'a mi tié par ti cu li è re pour au cu ne de vos compa gnes. Vous les ai me rez tou tes é ga le ment et leur par le rez a vec la mê me po li tes se.

25. Si né an moins vous en con nais siez qui tins sent de mau vais dis cours ou eussent u ne con dui te ré préhen si ble, vous ne les fréquen te rez pas.

26. La clas se fi ni ra par

u ne pri è re. Vous sor ti rez sans bruit, sans pré ci pi ta-ti on et a vec mo des tie; vous vous ren drez droit à la mai son, sans vous ar rê-ter dans les rues à par ler et à vous a mu ser.

27. Une fois la semaine, on vous donnera des leçons de civilité, et vous y serez très-attentive, afin d'apprendre à saluer, à parler et à vous présenter convenablement, à honorer chacun selon son état et son âge, et à éviter toute incivilité, inconvenance ou grossièreté. La politesse fait aimer et respecter la vertu.

28. Ayez le plus grand respect et un amour sincère pour votre père et votre mère, ainsi que pour tous vos parents. Obéissez-leur promptement, allez même au-devant de leurs volontés. Fermez les yeux sur leurs défauts, et ne vous en entretenez jamais. Ne dites jamais à personne ce qui se passe dans la maison.

29. Si cependant l'on vous commandait de mentir, de dérober, de dire ou de faire quelque autre chose mauvaise, répondez avec respect que vous ne le pouvez point,

que le bon Dieu le défend.

30. Ne sortez point de la maison sans la permission de vos parents, surtout pour aller loin.

31. Portez toujours un grand respect aux ecclésiastiques. Ne parlez jamais mal d'eux, ne souffrez pas que l'on en parle mal devant vous. Respectez aussi les personnes âgées ; rendez-leur service, si vous le pouvez ; ne vous moquez jamais d'elles et empêchez qu'on ne le fasse : Dieu vous maudirait, ma chère enfant, si vous le faisiez ou le permettiez.

32. Respectez les pauvres : ils sont les membres de Jésus-Christ ; saluez-les, parlez-leur toujours poliment, secourez-les quand vous le pourrez, priez vos parents de leur faire l'aumône.

33. Saluez tout le monde et soyez toujours polie dans vos paroles. Si vous parlez à des personnes au-dessus de vous, ou étrangères, dites : *Oui, Monsieur*, ou *Madame* ; *non, Monsieur*, etc., selon ce que vous devez répondre.

34. Soyez polie et complaisante envers les étrangers comme envers les autres.

35 Aimez vos frères et vos sœurs : n'ayez point de disputes entre vous; ne vous frappez point; montrez que vous êtes la plus raisonnable; cédez dans toutes les occasions où le bon Dieu n'est point offensé.

36 Agissez de même à l'égard de toutes les personnes de la maison, des voisins et voisines, de vos amies et de tout le monde.

37 Ne fréquentez point les garçons, ma chère enfant; ne soyez jamais seule avec eux, ne badinez point avec eux, ne souffrez point qu'ils vous touchent.

38. Ayez le plus grand amour pour la modestie : respectez votre corps comme le corps même de Jésus-Christ. Portez toujours un mouchoir au cou et soyez habillée avec décence. En compagnie, ou seule, pensez que Dieu vous voit et que votre bon ange est à côté de vous.

39. Ne regardez jamais rien d'indécent ; que vos yeux soient toujours modestes ; ne chantez et n'écoutez aucune mauvaise chanson ; ne dites et n'écoutez aucune parole déshonnête.

40. Ne mentez jamais ; les

menteurs offensent Dieu et se font haïr de tout le monde. On ne croit plus à ce qu'ils disent.

41. Gardez-vous bien de dérober ni fruits, ni friandises, ni quoi que ce soit, à vos parents ou aux étrangers. Rien de plus méprisable qu'une voleuse.

42. Ne prononcez pas le nom de Dieu en vain ; ne souillez jamais votre bouche par des jurements ou autres paroles grossières.

43. Ne soyez pas gourmande : prenez simplement sans vous plaindre et avec

reconnaissance, la nourriture qui vous est donnée. Accoutumez-vous à être sobre, à ne pas manger avec avidité et précipitation, et même à faire quelque petite mortification. N'oubliez pas le *Bénedicite* et les Grâces. Ne vous asseyez pas à table la première. Ne demandez jamais rien ; attendez que l'on vous serve.

44. Ne passez pas les jours de vacance dans l'oisiveté : elle est la mère de tous les vices. Aimez le travail ; ne restez jamais sans rien faire. Au retour de l'école, occupez-

vous toûjours à quelque chose.

45. Vous assisterez à la prière et à la lecture qui se font, tous les soirs, à l'église, et y direz dévotement le chapelet.

46. Le samedi soir, vous vous rendrez dévotement à l'église, comme vous faites pour la Messe, et y chanterez avec piété les litanies de la sainte Vierge.

47. Les dimanches et fêtes, vous assisterez à la grand'messe, à vêpres, aux instructions, au rosaire, et vous placerez au lieu qui vous est assigné, à côté des maîtresses.

48. Ayez, ma chère enfant, une grande dévotion à la sainte Vierge, et invoquez-la souvent avec confiance. La fête de la *Présentation* est celle des écolières. Vous vous y préparerez par la confession. Il n'y aura point classe ce jour-là. Vous vous rendrez à l'école pour écouter une instruction, et aller de là à la grand'messe, où vous ferez l'offrande. Vous vous récréerez ensuite dans la classe et pourrez y faire un petit repas avec vos compagnes. Le soir, vous irez à l'église faire l'acte de consécration à votre divine

mère et chanter ses litanies.

49. Saint Louis de Gonzague, qui a été donné par l'Eglise pour patron à la jeunesse, sera le second patron des écolières. Vous célèbrerez sa fête comme la précédente.

50. N'entrez jamais dans l'église sans être pénétrée d'un saint respect. Gardez-vous d'y courir, d'y badiner, d'y rire, d'y parler; ne tournez pas la tête de côté et d'autre.

51. Accoutumez-vous à vous tenir en la présence de Dieu, et à lui offrir votre tra-

vail et toutes vos actions. Faites toujours le signe de la croix, en les commençant.

52. Ayez une crainte accompagnée d'amour pour Dieu, et le plus grand éloignement pour les fautes les plus légères.

53. Quand vous passez devant une église ou une croix, faites le signe de la croix et la révérence.

54. Quand vous prononcez ou entendez prononcer le saint nom de JÉSUS ou de MARIE, faites la révérence.

55 Dites dévotement l'*Angelus* quand on le sonne.

56. C'est une sainte pratique favorisée par l'Eglise, que de se saluer en disant : *Loué soit Jésus-Christ,* l'autre répondant : *Ainsi soit-il.*

57. Mais accoutumez-vous à ne faire ces actions qu'avec des sentiments intérieurs de piété

58. Le soir, si les personnes de la maison n'ont pas été à la prière qui se dit à l'église, vous la ferez à haute voix et très dévotement devant quelque image. Ensuite, vous souhaiterez le bonsoir à vos parents et aux autres personnes de la famille. Vous vous

déshabillerez modestement, vous prendrez de l'eau bénite et ferez le signe de la croix. Vous vous recommanderez à Dieu, à la sainte Vierge et à votre bon ange.

59. Enfin, vivez, ma chère enfant, de manière à éviter le péché et à plaire au bon Dieu en toutes vos actions, afin de vous rendre digne d'entrer dans le ciel.

Prière avant la Classe.

Saint-Esprit, qui êtes le principe de tout bien, daignez nous faire la grâce d'être bien attentives aux leçons qui vont nous être données et d'en bien profiter. Remplissez nos cœurs de votre divin amour; apprenez-nous à sanctifier notre travail, et à le rendre utile pour notre salut.

Je vous salue, etc.

Prière après la Classe.

Nous vous remercions, ô mon Dieu! de la grâce que vous nous avez faite de nous instruire, préférablement à tant d'autres qui vivent dans l'ignorance et qui en profiteraient mieux que nous. Faites que nous ne nous servions jamais de ce que nous apprenons que pour devenir de bonnes chrétiennes.

Je vous salue, etc.

Prière au saint Enfant Jésus.

Saint Enfant Jésus, qui avez profité en âge et en sagesse devant Dieu et devant les hommes, faites-nous la grâce d'avancer, comme vous, dans toutes les connaissances qui nous sont nécessaires afin que, vous imitant, nous vous suivions jusqu'à la vie éternelle.

Ainsi soit-il.

Offrande de la Messe.

Mon Dieu, je viens, en union de votre sainte Eglise, pour assister à ce divin sacrifice, pour me ressouvenir, en votre divine présence, de la passion de Jésus. Je vous l'offre pour le souverain hon-

-neur de votre majesté adorable, je vous l'offre en action de grâces, pour tous vos bienfaits, pour l'expiation de mes péchés, pour implorer votre secours sur tous mes besoins qui vous sont si bien connus.

Ainsi soit-il.

Prière à la sainte Vierge.

O très-sainte Vierge! ma souveraine, sur la confiance que j'ai en vous, je me mets sous votre spéciale protection; me reposant sur le sein de votre divine miséricorde, je vous recommande, pour tous les jours de ma vie, et particulièrement pour celui de ma mort, mon âme et mon corps; je m'abandonne entre vos bras pour tout ce qui me regarde, espérance, consolation, affliction et misère, pour tout le cours et la fin de ma vie, afin que, par votre sainte intercession et par l'abondance de vos mérites, vous disposiez à jamais de moi et de toutes mes actions, selon la volonté de votre fils qui est aussi la vôtre. Ainsi soit-il.

Offrande du travail.

Mon Dieu, nous vous offrons le travail que nous allons commencer, pour honorer les travaux de Jésus-Christ lorsqu'il était sur la terre et pour vous glorifier; mais afin qu'il vous soit plus agréable, purifiez le cœur qui vous l'offre, les mains qui doivent s'y employer;

recevez-le en expiation de mes péchés. Mon Dieu, faites-moi la grâce de le rendre utile à mon salut.

Ainsi soit-il.

—

On vous recommande, mes chères sœurs, pour l'amour de Jésus, de sortir modestement de la classe, sans vous arrêter dans les rues; en vous quittant, vous vous saluerez; en entrant chez vous, vous saluerez vos parents, vous apprendrez votre catéchisme, vous le répèterez à vos parents, et vous viendrez demain à huit heures en classe.

PRIÈRES

PENDANT LA SAINTE MESSE.

In nomine Patris, et Filii, et Spiritûs Sancti. Amen.

C'est en votre nom, adorable Trinité, c'est pour vous rendre les honneurs et les hommages qui vous sont dus, que j'assiste à ce saint et très-auguste sacrifice.

Permettez-moi, divin Sauveur, de m'unir d'intention au ministre de vos autels, pour offrir la précieuse victime de mon salut; et donnez-moi les sentiments que j'aurais dû avoir sur le Calvaire, si j'avais assisté au sacrifice sanglant de votre passion.

CONFITEOR.

Je m'accuse devant vous, ô mon Dieu! de tous les péchés dont je suis coupable. Je m'en accuse en présence de Marie, la plus pure de toutes les vierges, de tous les saints et de tous les fidèles; parce que j'ai péché en pensées, en paroles, en actions, en omissions, par ma faute, oui, par ma faute et par ma très-grande faute. C'est pourquoi je conjure la très-sainte Vierge et tous les saints de vouloir intercéder pour moi.

Seigneur, écoutez favorablement ma prière, et accordez-moi l'indulgence, l'absolution et la rémission de tous mes péchés.

KYRIE ELEISON.

Divin Créateur de nos âmes, ayez pitié de l'ouvrage de vos mains; Père miséricordieux, faites miséricorde à vos enfants.

Auteur de notre salut, immolé pour nous, appliquez-nous les mérites de votre mort et de votre précieux sang.

Aimable Sauveur, doux Jésus, ayez compassion de nos misères, et pardonnez-nous nos péchés.

GLORIA IN EXCELSIS.

Gloire à Dieu au plus haut des cieux.	Gloria in excelsis Deo.
Et paix aux hommes de bonne volonté.	Et in terrâ pax hominibus bonæ voluntatis.
Nous vous louons.	Laudamus te.
Nous vous bénissons.	Benedicimus te.

Nous vous adorons.	Adoramus te.
Nous vous glorifions.	Glorificamus te.
Nous vous rendons grâces en vue de votre gloire infinie.	Gratias agimus tibi propter magnam gloriam tuam.
O Seigneur Dieu, Roi du Ciel ! ô Dieu père tout-puissant !	Domine, Deus, Rex cœlestis, Deus Pater omnipotens.
O Seigneur, Fils unique de Dieu, Jésus-Christ !	Domine, fili unigenite, Jesu Christe.
O Seigneur Dieu, agneau de Dieu, Fils du Père !	Domine, Deus, agnus Dei, Filius Patris.
O vous, qui effacez les péchés du monde, ayez pitié de nous.	Qui tollis peccata mundi, miserere nobis.
O vous, qui effacez les péchés du monde, recevez notre prière.	Qui tollis peccata mundi, suscipe deprecationem nostram
O vous, qui êtes assis à la droite du Père, ayez pitié de nous !	Qui sedes ad dexteram Patris, miserere nobis.
Car vous êtes le seul Saint.	Quoniam tu solus Sanctus.
Le seul Seigneur.	Tu solus Dominus.
Le seul très-haut, Jésus-Christ.	Tu solus altissimus Jesu Christe.

Avec le Saint-Esprit, dans la gloire de Dieu le Père.	Cum Sancto Spiritu in gloriâ Dei Patris.
Ainsi soit-il.	Amen.

ORAISON.

Accordez-nous, Seigneur, par l'intercession de la sainte Vierge et des saints que nous honorons, toutes les grâces que votre ministre vous demande pour lui et pour nous. M'unissant à lui, je vous fais la même prière pour ceux et celles pour lesquels je suis obligé de prier; et je vous demande, Seigneur, pour eux et pour moi, tous les secours que vous savez nous être nécessaires, afin d'obtenir la vie éternelle, au nom de N.-S. J.-C.

ÉPÎTRE.

Mon Dieu, vous m'avez appelé à la connaissance de votre sainte loi, préférablement à tant de peuples qui vivent dans l'ignorance de vos mystères. Je l'accepte de tout mon cœur cette divine loi, et j'écoute avec respect les sacrés oracles que vous avez prononcés par la bouche de vos prophètes. Je les révère avec toute la soumission qui est due à la parole d'un Dieu, et j'en vois l'accomplissement avec toute la joie de mon âme.

Que n'ai-je pour vous, ô mon Dieu! un cœur semblable à celui des saints de votre ancien Testament! Que ne puis-je vous désirer avec l'ardeur des patriarches, vous connaître et vous révérer comme les prophètes, vous aimer et m'attacher uniquement à vous comme les apôtres.

ÉVANGILE.

Ce ne sont plus, ô mon Dieu! les prophètes ni les apôtres qui vont m'instruire de mes devoirs, c'est votre fils unique, c'est sa parole que je vais entendre. Mais, hélas! que me servira d'avoir cru que c'est votre parole, Seigneur Jésus, si je n'agis pas conformément à ma croyance? Que me servira, lorsque je paraîtrai devant vous, d'avoir eu la foi sans le mérite de la charité et des bonnes œuvres?

Je crois, et je vis comme si je ne croyais pas, ou comme si je croyais un évangile contraire au vôtre. Ne me jugez pas, ô mon Dieu! sur cette opposition perpétuelle que je mets entre vos maximes et ma conduite. Je crois, mais inspirez-moi le courage et la force de pratiquer ce que je crois. A vous, Seigneur, en reviendra toute la gloire.

CREDO.

Je crois en un seul Dieu, Père tout-puissant, qui a fait le ciel et la terre, et toutes les choses visibles et invisibles : et en un seul Seigneur Jésus-Christ, fils unique de Dieu, et né du Père avant tous les siècles ; Dieu de Dieu, lumière de lumière, vrai Dieu du vrai Dieu, qui n'a pas été fait, mais engendré ; qui n'a qu'une même substance que le Père, et par qui toutes choses ont été faites ; qui est descendu des cieux pour nous, hommes misérables, et pour notre salut, et ayant pris chair de la Vierge Marie, par l'opération du Saint-Es-	Credo in unum Deum, Patrem omnipotentem, factorem cœli et terræ, visibilium omnium et invisibilium ; et in unum Dominum Jesum Christum, Filium Dei unigenitum, et ex patre natum ante omnia sæcula, Deum de Deo, lumen de lumine, Deum verum de Deo vero, genitum non factum, consubstantialem Patri ; per quem omnia facta sunt. Qui propter nos homines, et propter nostram salutem descendit de cœlis, et incarnatus est de Spiritu Sancto, ex Mariâ Virgine, et homo factus est. Crucifixus

prit, a été fait homme; qui a été aussi crucifié pour nous sous Ponce Pilate, qui a souffert et qui a été mis au tombeau; qui est ressuscité le troisième jour selon les Ecritures, qui est monté au Ciel, qui est assis à la droite du Père, qui viendra de nouveau plein de gloire pour juger les vivants et les morts, et dont le règne n'aura point de fin. Je crois au Saint-Esprit, aussi Seigneur, et qui donne la vie; qui procède du Père et du Fils, est adoré et glorifié conjointement avec le Père et le Fils; qui a parlé par les prophètes. Je crois l'Eglise, qui est Une, Sainte, Catholique et Apos-

etiam pro nobis sub Pontio Pilato, passus et sepultus est. Et resurrexit tertiâ die, secundum Scripturas, et ascendit in cœlum, sedet ad dexteram Patris. Et iterùm venturus est cum gloriâ judicare vivos et mortuos : cujus regni non erit finis. Et in Spiritum Sanctum Dominum et vivificantem, qui ex Patre Filioque procedit, qui cum Patre et Filio simul adoratur et conglorificatur; qui locutus est per prophetas. Et Unam, Sanctam, Catholicam et Apostolicam Ecclesiam. Confiteor unum baptisma in remissionem peccatorum. Et expecto resurrectionem mortuorum, et

tolique. Je confesse un Baptême pour la rémission des péchés, et j'attends la résurrection des morts et la vie éternelle. Ainsi soit-il.	vitam venturi sæculi. Amen.

OFFERTOIRE.

Père infiniment saint, Dieu tout-puissant et éternel, quelque indigne que je sois de paraître devant vous, j'ose vous présenter cette hostie par les mains du prêtre, avec l'intention qu'a eue Jésus-Christ, mon Sauveur, lorsqu'il institua ce sacrifice, et qu'il a encore au moment qu'il s'immole ici pour moi.

Je vous l'offre pour reconnaître votre souverain domaine sur moi et sur toutes les créatures; je vous l'offre pour l'expiation de mes péchés, et en action de grâces de tous les bienfaits dont vous m'avez comblé.

Je vous l'offre enfin, mon Dieu, cet auguste sacrifice, afin d'obtenir de votre infinie bonté, pour moi, pour mes parents, pour mes bienfaiteurs, mes amis et mes ennemis, ces grâces précieuses de salut, qui ne peuvent nous être accordées qu'en vue des mérites de celui qui est le juste par excellence, et qui s'est fait victime de propitiation pour tous.

Mais en vous offrant cette adorable victime, je vous recommande, ô mon Dieu ! toute l'Église catholique, N. S. P. le pape, notre évêque, tous les pasteurs des âmes, notre souverain et sa famille, les princes chrétiens et tous les peuples qui croient en vous.

Souvenez-vous aussi, Seigneur, des fidèles trépassés; et, en considération des mérites de votre Fils, donnez-leur un lieu de rafraîchissement, de lumière et de paix.

N'oubliez pas, mon Dieu, vos ennemis et les miens : ayez pitié de tous les infidèles, des hérétiques et de tous les pécheurs. Comblez de bénédictions ceux qui me persécutent, et me pardonnez mes péchés, comme je leur pardonne tout le mal qu'ils me font, où qu'ils voudraient me faire.

PRÉFACE.

Voici l'heureux moment où le roi des anges et des hommes va paraître. Seigneur, remplissez-moi de votre esprit : que mon cœur, dégagé de la terre, ne pense qu'à vous. Quelle obligation n'ai-je pas de vous bénir et de vous louer en tout temps et en tout lieu, Dieu du ciel et de la terre, Maître infiniment grand, Père tout-puissant et éternel !

Rien n'est plus juste, rien n'est plus avantageux que de nous unir à Jésus-Christ pour vous adorer continuellement. C'est par lui que tous les esprits bienheureux rendent leurs hommages à votre Majesté ; c'est par lui que toutes les vertus du ciel, saisies d'une frayeur respectueuse, s'unissent pour vous glorifier. Souffrez, Seigneur, que nous joignions nos faibles louanges à celles de ces saintes intelligences, et que, de concert avec elles, nous disions, dans un transport de joie et d'admiration :

SANCTUS.

Saint, saint, saint est le Seigneur, le Dieu des armées. Tout l'univers est rempli de sa gloire. Que les bienheureux le bénissent dans le ciel. Béni soit celui qui vient sur la terre, Dieu et Seigneur comme celui qui l'envoie.

LE CANON.

Nous vous conjurons, au nom de Jésus-Christ, votre Fils et notre Seigneur, ô Père infiniment miséricordieux ! d'avoir pour agréable et de bénir l'offrande que nous vous présentons, afin qu'il vous plaise de conserver, de défendre et de gouverner votre sainte Eglise catholique avec tous les membres qui la composent : le Pape, notre Evêque, et généralement tous ceux qui font profession de votre sainte foi.

Nous vous recommandons en particulier, Seigneur, ceux pour qui la justice, la reconnaissance et la charité nous obligent de prier, tous ceux qui sont présents à cet adorable sacrifice, et singulièrement N. et N. Afin, grand Dieu ! que nos hommages vous soient plus agréables, nous nous unissons à la glorieuse Marie toujours vierge, Mère de notre Dieu et Seigneur Jésus-Christ, à tous les apôtres, à tous les bienheureux martyrs, et à tous les saints qui composent avec nous une même Eglise.

Que n'ai-je en ce moment, ô mon Dieu ! les désirs enflammés avec lesquels les saints patriarches souhaitaient la venue du Messie ! Que n'ai-je leur foi et leur amour ! Venez, Seigneur Jésus; venez, aimable Rédempteur du monde; venez accomplir un mystère qui est l'abrégé de toutes vos merveilles. Il vient, cet agneau de Dieu : voici l'adorable victime par qui tous les péchés du monde sont effacés.

ÉLÉVATION.

Verbe incarné, divin Jésus, vrai Dieu et vrai homme, je crois que vous êtes ici présent, je vous y adore avec humilité; je vous aime de tout mon cœur : comme vous y venez pour l'amour de moi, je me consacre entièrement à vous.

J'adore ce sang précieux que vous avez répandu pour tous les hommes; et j'espère, ô mon Dieu! que vous ne l'aurez pas versé inutilement pour moi. Faites-moi la grâce de m'en appliquer les mérites. Je vous offre le mien, aimable Jésus, en reconnaissance de cette charité infinie que vous avez eue de donner le vôtre pour l'amour de moi.

SUITE DU CANON.

Quelles seraient donc désormais ma malice et mon ingratitude, si, après avoir vu ce que je vois, je consentais à vous offenser!

Non, mon Dieu, je n'oublierai jamais ce que vous représentez par cette auguste cérémonie, les souffrances de votre passion, la gloire de votre résurrection, votre corps tout déchiré, votre sang répandu pour nous, réellement présent à mes yeux sur cet autel.

C'est maintenant, éternelle Majesté, que nous vous offrons de votre grâce, véritablement et proprement, la victime pure, sainte et sans tache, qu'il vous a plu de nous donner vous-même, et dont toutes les autres n'étaient que la figure. Oui, grand Dieu, nous osons vous dire qu'il y a ici plus que tous les sacrifices d'Abel, d'Abraham et de Melchisédech, la seule victime digne de votre autel, Notre-Seigneur Jésus-Christ, votre Fils unique, objet de vos éternelles complaisances.

Que tous ceux qui participent ici, de la bouche ou du cœur, à cette sacrée victime, soient remplis de sa bénédiction.

Que cette bénédiction se répande, ô mon Dieu! sur les âmes des fidèles qui sont morts dans la paix de l'Eglise, et particulièrement sur l'âme de N. et de N. Accordez-leur, Seigneur, en vue de ce sacrifice, la délivrance entière de leurs peines.

Daignez nous accorder aussi un jour cette grâce à nous-mêmes, Père infiniment bon; et faites-nous entrer en société avec les saints martyrs et tous les saints, afin que nous puissions vous aimer et glorifier éternellement avec eux.

Ainsi soit-il.

PATER NOSTER.

Que je suis heureux, ô mon Dieu! de vous avoir pour Père! Que j'ai de joie de songer que le ciel où vous êtes doit être un jour ma demeure! Que votre saint nom soit glorifié par toute la terre! Régnez absolument sur tous les cœurs et sur toutes les volontés. Ne refusez pas à vos enfants la nourriture spirituelle et corporelle. Nous pardonnons de bon cœur; pardonnez-nous. Soutenez-nous dans les tentations et dans les maux de cette misérable vie; mais préservez-nous du péché, le plus grand de tous les maux.

AGNUS DEI.

Agneau de Dieu, immolé pour moi, ayez pitié de moi. Victime adorable de mon salut, sauvez-moi. Divin médiateur, obtenez-moi ma grâce auprès de votre Père : donnez-moi votre paix.

COMMUNION.

Qu'il me serait doux, ô mon aimable Sauveur! d'être du nombre de ces heureux chrétiens à qui la pureté de conscience et une tendre piété permettent d'approcher tous les jours de votre sainte table!

Quel avantage pour moi, si je pouvais en ce moment vous posséder dans mon cœur, vous y rendre mes hommages, vous y exposer mes besoins, et participer aux grâces que vous faites à ceux qui vous reçoivent réellement ! Mais puisque j'en suis très-indigne, suppléez, ô mon Dieu ! à l'indisposition de mon âme. Pardonnez-moi tous mes péchés ; je les déteste de tout mon cœur parce qu'ils vous déplaisent. Recevez le désir sincère que j'ai de m'unir à vous. Purifiez-moi d'un seul de vos regards, et mettez-moi en état de vous bien recevoir au plus tôt.

En attendant cet heureux jour, je vous conjure, Seigneur, de me faire participant des fruits que la communion du prêtre doit produire en tout le peuple fidèle qui est présent à ce sacrifice. Augmentez ma foi par la vertu de ce divin sacrement ; fortifiez mon espérance ; épurez en moi la charité ; remplissez mon cœur de votre amour, afin qu'il ne respire plus que pour vous, et qu'il ne vive plus que pour vous. Ainsi soit-il.

DERNIÈRES ORAISONS.

Vous venez, ô mon Dieu ! de vous immoler pour mon salut ; je veux me sacrifier pour votre gloire. Je suis votre victime, ne m'épargnez point. J'accepte de bon cœur toutes les croix qu'il vous plaira de m'envoyer : je les reçois de votre main, et les unis à la vôtre.

Je sors purifié de vos saints mystères; je fuirai avec horreur les moindres taches du péché, surtout de celui où mon penchant m'entraîne avec le plus de violence. Je serai fidèle à votre loi, et je suis résolu de tout perdre et de tout souffrir plutôt que de la violer.

BÉNÉDICTION.

Bénissez, ô mon Dieu ! ces saintes résolutions; bénissez-nous tous par les mains de votre ministre, et que les effets de votre bénédiction demeurent éternellement sur nous. Au nom du Père, et du Fils, et du Saint-Esprit. Ainsi soit-il.

DERNIER ÉVANGILE.

Verbe fait chair, je vous adore avec le respect le plus profond; je mets toute ma confiance en vous seul, espérant fermement que, puisque vous êtes mon Dieu, et un Dieu qui s'est fait homme pour sauver les hommes, vous m'accorderez les grâces nécessaires pour me sanctifier, et vous posséder éternellement dans le ciel.

Ainsi soit-il.

LES COMMANDEMENTS DE DIEU.

1. Un seul Dieu tu adoreras
   Et aimeras parfaitement.
2. Dieu en vain tu ne jureras,
   Ni autre chose pareillement.
3. Les Dimanches tu garderas,
   En servant Dieu dévotement.
4. Père et mère honoreras,
   Afin de vivre longuement.
5. Homicide point ne seras,
   De fait ni volontairement.
6. Luxurieux point ne seras,
   De corps ni de consentement.
7. Le bien d'autrui tu ne prendras
   Ni retiendras à ton escient.
8. Faux témoignage ne diras,
   Ni mentiras aucunement.
9. L'œuvre de chair ne désireras
   Qu'en mariage seulement.
10. Biens d'autrui ne convoiteras,
    Pour les avoir injustement.

LES COMMANDEMENTS DE L'ÉGLISE.

1. Les Dimanches Messe ouïras,
   Et les Fêtes pareillement.
2. Les Fêtes tu sanctifieras
   Qui te sont de commandement.
3. Tous les péchés confesseras,
   A tout le moins une fois l'an.

4. Ton Créateur tu recevras
   Au moins à Pâques humblement.
5. Quatre-Temps, Vigiles jeûneras,
   Et le Carême entièrement.
6. Vendredi, chair ne mangeras,
   Ni le samedi mêmement.

SYLLABES LATINES.

Abbas, Acci, Adde, Balbus, Bo,
Brevis, Ch'um, Ch'amys, Chrysas, Circum,
Dentis, Dictor, Dolos, Druidæ, Eia,
Elix, Emax, Ergo, Eva, Exspuo,
Faber, Febris, Foras, Frater, Gemens
Glacies, Gravis, Gypsum, Helops, Hiems,
Horti, Ictis, Imbrex, Inquam, Ira,
Jactans, Jocus, Juxta, Kaia, Kuri,
Kyrie, Labes, Laudans, Loquax, Lupus,
Major, Metum, Missus, Modium, Nævus,
Nequis, Nitens, Noxia, Oasim, Obsto,
Orphus, Pæstum, Pendens, Pulsat, Quater,
Quasi, Quies, Rector, Reiva, Rhoda,
Roscia, Sacer, Scribo, Senium, Sparta,
Stirps, Talea, Teius, Thetis, Tridens
Turtur, Umbra, Urvo, Uter, Vectio,
Virtus, Volens, Xiphias, Xystum, Zama.
Zoster.

Ascetrix,   Brachium,   Candentia,
Declivis,   Execratæ,   Familiaris,
Geminatio,   Hereditas,   Illustris,

Judicatrix,	Litteræ,	Malesuadus.
Nuntiatrix,	Officina,	Pentecoste.
Quærito	Rhetorice,	Scintilla.
Thesaurus,	Unguentum,	Vulneratio.
Xanthenes,	Zizania.	

VÊPRES DU DIMANCHE.

Deus, † in adjutorium meum intende.

Domine, ad adjuvandum me festina.

Gloria Patri, et Filio, et Spiritui Sancto.

Sicut erat in principio, et nunc et semper, et in sæcula sæculorum. Amen.

Alleluia, *ou* Laus tibi, Domine, rex æternæ gloriæ.

PSAUME 109.

Dixit Dominus Domino meo : Sede à dextris meis.

Donec ponam inimicos tuos : scabellum pedum tuorum.

Virgam viruttis tuæ emittet Dominus ex Sion : Dominare in medio inimicorum tuorum.

Tecum principium in die virtutis tuæ, in splendoribus Sanctorum : ex utero antè luciferum genui te.

Juravit Dominus et non pœnitebit eum : tu es Sacerdos in æternum secundum ordinem Melchisedech.

Dominus à dextris tuis : confregit in die iræ suæ reges.

Judicabit in nationibus, implebit ruinas : conquassabit capita in terrâ multorum.

De torrente in viâ bibet : proptereâ exaltabit caput. Gloria Patri, etc.

PSAUME 110.

CONFITEBOR tibi, Domine, in toto corde meo : in concilio justorum et congregatione.

Magna opera Domini : exquisita in omnes voluntates ejus.

Confessio et magnificentia opus ejus : et justitia ejus manet in sæculum sæculi.

Memoriam fecit mirabilium suorum, misericors et miserator Dominus : escam dedit timentibus se.

Memor erit in sæculum testamenti sui : virtutem operum suorum annuntiabit populo suo.

Ut det illis hæreditatem gentium : opera manuum ejus, veritas et judicium.

Fidelia omnia mandata ejus, confirmata in sæculum sæculi : facta in veritate et æquitate.

Redemptionem misit populo suo : mandavit in æternum testamentum suum.

Sanctum et terribile nomen ejus : initium sapientiæ timor Domini.

Intellectus bonus omnibus facientibus eum : laudatio ejus manet in sæculum sæculi.

Gloria Patri, etc.

PSAUME 111.

BEATUS vir qui timet Dominum : in mandatis ejus volet nimis.

Potens in terrâ erit semen ejus : generatio rectorum benedicetur.

Gloria et divitiæ in domo ejus : et justitia ejus manet in sæculum sæculi.

Exortum est in tenebris lumen rectis : misericors, et miserator, et justus.

Jucundus homo qui miseretur et commodat, disponet sermones suos in judicio : quia in æternum non commovebitur

In memoriâ æternâ erit justus : ab auditione malâ non timebit.

Paratum cor ejus sperare in Domino, confirmatum est cor ejus : non commovebitur donec despiciat inimicos suos.

Dispersit, dedit pauperibus, justitia ejus manet in sæculum sæculi : cornu ejus exaltabitur in gloriâ.

Peccator videbit et irascetur, dentibus suis fremet et tabescet : desiderium peccatorum peribit.

Gloria Patri, etc.

PSAUME 112.

LAUDATE, pueri, Dominum : laudate nomen Domini.

Sit nomen Domini benedictum : ex hoc nunc et usque in sæculum.

A solis ortu usque ad occasum : laudabile nomen Domini.

Excelsus super omnes gentes Dominus : et super cœlos gloriâ ejus.

Quis sicut Dominus Deus noster, qui in altis habitat : et humilia respicit in cœlo et in terrâ ?

Suscitans à terrâ inopem : et de stercore erigens pauperem.

Ut collocet eum cum principibus : cum principibus populi sui.

Qui habitare facit sterilem in domo : matrem filiorum lætantem. Gloria Patri, etc.

PSAUME 113.

In exitu Israel de Ægypto ; domûs Jacob de populo barbaro.

Facta est Judæa sanctificatio ejus : Israël potestas ejus.

Mare vidit, et fugit : Jordanis conversus est retrorsùm.

Montes exultaverunt ut arietes : et colles sicut agni ovium ?

Quid est tibi, mare, quòd fugisti? et tu, Jordanis, quia conversus es retrorsùm ?

Montes, exultastis sicut arietes : et colles, sicut agni ovium ?

A facie Domini mota est terra : à facie Dei Jacob.

Qui convertit petram in stagna aquarum : et rupem in fontes aquarum.

Non nobis, Domine, non nobis : sed nomini tuo da gloriam, super misericordiâ tuâ et veritate tuâ.

Nequandò dicant gentes : Ubi est Deus eorum ?

Deus autem noster in cœlo : omnia quæcumque voluit fecit.

Simulacra gentium, argentum et aurum : opera manuum hominum.

Os habent et non loquentur : oculos habent et non videbunt.

Aures habent et non audient : nares habent et non odorabunt.

Manus habent et non palpabunt, pedes habent et non ambulabunt : non clamabunt in gutture suo.

Similes illis fiant qui faciunt ea : et omnes qui confidunt in eis.

Domus Israël speravit in Domino : adjutor eorum et protector eorum est.

Domus Aaron speravit in Domino : adjutor eorum et protector eorum est.

Qui timent Dominum, speraverunt in Domino : adjutor eorum et protector eorum est.

Dominus memor fuit nostri : et benedixit nobis.

Benedixit domui Israël : benedixit domu Aaron.

Benedixit omnibus qui timent Dominum : pusillis cum majoribus.

Adjiciat Dominus super vos : super vos et super filios vestros.

Benedicti vos à Domino : qui fecit cœlum et terram.

Cœlum cœli Domino : terram autem dedit filiis hominum.

Non mortui laudabunt te, Domine : neque omnes qui descendunt in infernum.

Sed nos qui vivimus, benedicimus Domino : ex hoc nunc et usque in sæculum.

Gloria Patri, etc.

Capitule. *Ephes.*

Benedictus Deus, et Pater Domini nostri Jesu-Christi qui benedixit nos in omne benedictione spirituali in cœlestibus in Christo, sicut elegit nos in ipso ante mundi constitutionem, ut essemus sancti et immaculati in conspectu ejus in caritate. ℟. Deo gratias.

Hymne.

O luce qui mortalibus Lates inaccessâ Deus ! Præsente quo sancti tremunt, Nubuntque vultus Angeli.

Hic, ceu profunda conditi Demergimur caligine, Æternus at noctem suo Fulgore depellet dies.

Hunc nempè nobis præparas, Nobis reservas hunc diem, Quem vix adumbrat splendida Flammantis astri claritas.

Moraris, heu ! nimis diù Moraris, optatus dies ; Ut te fruamur, noxii, Linquenda moles corporis.

His cùm soluta vinculis Mens evolârit, ô Deus ! Videre te, laudare te, Amare te non desinet.

Ad omne nos apta bonum, Fecunda donis Trinitas ; Fac lucis usuræ brevi Æterna succedat dies. Amen.

CANTIQUE DE LA VIERGE.

Magnificat : anima mea Dominum.

Et exultavit spiritus meus : in Deo salutari meo.

Quia respexit humilitatem ancillæ suæ : ecco enim ex hoc beatam me dicent omnes generationes.

Quia fecit mihi magna qui potens est : et sanctum nomen ejus.

Et misericordia ejus à progenie in progenies : timentibus eum.

Fecit potentiam in brachio suo : dispersit superbos mente cordis sui.

Deposuit potentes de sede : et exaltavit humiles.

Esurientes implevit bonis : et divites dimisit inanes.

Suscepit Israël puerum suum : recordatus misericordiæ suæ.

Sicut locutus est ad patres nostros : Abraham et semini ejus in sæcula.

Gloria Patri, etc.

PRIÈRES DU MATIN.

✝ In nomine Patris, et Filii, et Spiritûs Sancti. Amen.

Benedicta sit sancta atque individua Trinitas, nunc et semper, et per infinita sæcula sæculorum. Amen.

Mettons-nous en la présence de Dieu, adorons son saint Nom.

Très-sainte et très-auguste Trinité, Dieu seul en trois personnes; je crois que vous êtes ici present. Je vous adore avec les sentiments de l'humilité la plus profonde, et vous rends de tout mon cœur les hommages qui sont dus à votre souveraine Majesté.

Remercions Dieu des grâces qu'il nous a faites, et offrons-nous à lui.

Mon Dieu, je vous remercie très-humblement de

toutes les grâces que vous m'avez faites jusqu'ici. C'est encore par un effet de votre bonté que je vois ce jour ; je veux aussi l'employer uniquement à vous servir. Je vous en consacre toutes les pensées, les paroles, les actions et les peines. Bénissez-les, Seigneur, afin qu'il n'y en ait aucune qui ne soit animée de votre amour, et qui ne tende à votre plus grande gloire.

Formons la résolution d'éviter le péché et de pratiquer la vertu.

Adorable Jésus, divin modèle de la perfection à laquelle nous devons aspirer, je vais m'appliquer, autant que je le pourrai, à me rendre semblable à vous, docile, humble, chaste, zélé, patient, charitable et résigné comme vous. Et je ferai particulièrement tous mes efforts pour ne pas retomber aujourd'hui dans les fautes que je commets si souvent, et dont je souhaite sincèrement de me corriger.

Demandons à Dieu les grâces qui nous sont nécessaires.

Mon Dieu, vous connaissez ma faiblesse. Je ne puis rien sans le secours de votre grâce. Ne me la refusez pas, ô mon Dieu ! proportionnez-la à mes besoins ; donnez-moi assez de force pour éviter le mal que vous défendez, pour pratiquer tout le bien que vous attendez de moi, et pour souffrir patiemment toutes les peines qu'il vous plaira de m'envoyer.

L'Oraison Dominicale.

Notre Père, qui êtes aux cieux, que votre nom soit sanctifié, que votre règne nous arrive, que votre volonté soit faite en la terre

Pater noster, qui es in cœlis, sanctificetur nomen tuum, adveniat regnum tuum, fiat voluntas tua sicut in cœlo et in terrâ ;

comme au ciel; donnez-nous aujourd'hui notre pain de chaque jour, et pardonnez-nous nos offenses comme nous pardonnons à ceux qui nous ont offensés, et ne nous induisez point en tentation, mais délivrez-nous du mal. Ainsi soit-il.

panem nostrum quotidianum da nobis hodiè, et dimitte nobis debita nostra, sicut et nos dimittimus debitoribus nostris, et ne nos inducas in tentationem, sed libera nos à malo. Amen.

La Salutation Angélique.

Je vous salue, Marie, pleine de grâce, le Seigneur est avec vous, vous êtes bénie par-dessus toutes les femmes, et Jésus, le fruit de vos entrailles, est béni. Sainte Marie, Mère de Dieu, priez pour nous, pauvres pécheurs, maintenant et à l'heure de notre mort.
Ainsi soit-il.

Ave, Maria, gratiâ plena, Dominus tecum, benedicta tu in mulieribus, et benedictus fructus ventris tui Jesus. Sancta Maria Mater Dei, ora pro nobis peccatoribus, nunc et in horâ mortis nostræ.

Amen.

Le Symbole des Apôtres.

Je crois en Dieu, le Père tout-puissant, Créateur du ciel et de la terre; et en Jésus-Christ, son Fils unique, Notre-Seigneur, qui a été conçu du Saint-Esprit, est né de la Vierge Marie, a souffert sous Ponce-Pilate, a été crucifié, est mort, a été ense-

Credo in Deum Patrem omnipotentem, Creatorem cœli et terræ, et in Jesum Christum Filium ejus unicum, Dominum nostrum, qui conceptus est de Spiritu sancto, natus ex Mariâ Virgine, passus sub Pontio Pilato, crucifixus, mortuus et sepultus, des-

veli, est descendu aux enfers ; le troisième jour est ressuscité de mort à vie, est monté aux cieux, est assis à la droite de Dieu, le Père tout-puissant, d'où il viendra juger les vivants et les morts. Je crois au Saint-Esprit, la sainte Eglise catholique, la communion des Saints, la rémission des péchés, la résurrection de la chair, la vie éternelle.
Ainsi soit-il.

cendit ad inferos, tertiâ die resurrexit à mortuis, ascendit ad cœlos, sedet ad dexteram Dei Patris omnipotentis, indè venturus est judicare vivos et mortuos.
Credo in Spiritum sanctum, sanctam Ecclesiam catholicam, Sanctorum communionem, remissionem peccatorum, carnis resurrectionem, vitam æternam. Amen.

Confiteor Deo omnipotenti, beatæ Mariæ semper Virgini, beato Michaeli Archangelo, beato Joanni Baptistæ, sanctis apostolis Petro et Paulo, omnibus Sanctis, et tibi, Pater, quia peccavi nimis cogitatione, verbo et opere, meâ culpâ, meâ culpâ, meâ maximâ culpâ. Ideò precor beatam Mariam semper Virginem, beatum Michaelem Archangelum, beatum Joannem Baptistam, sanctos apostolos Petrum et Paulum, omnes Sanctos, et te, Pater, orare pro me ad Dominum Deum nostrum.

Misereatur nostrî omnipotens Deus, et dimissis peccatis nostris, perducat nos ad vitam æternam. Amen.

Indulgentiam, absolutionem et remissionem peccatorum nostrorum tribuat nobis omnipotens et misericors Dominus. Amen.

Invoquons la sainte Vierge, notre bon ange et notre saint patron.

Sainte Vierge, Mère de mon Dieu, ma mère et ma patronne, je me mets sous votre protection, et je me jette avec confiance dans le sein de votre miséricorde. Soyez, ô Mère de bonté! mon refuge dans mes besoins, ma consolation dans mes peines et mon avocate auprès de votre adorable Fils, aujourd'hui, tous les jours de ma vie, et particulièrement à l'heure de ma mort.

Ange du ciel, mon fidèle et charitable guide, obtenez-moi d'être si docile à vos inspirations, et de régler si bien mes pas, que je ne m'écarte en rien de la voie des commandements de mon Dieu.

Grand Saint, dont j'ai l'honneur de porter le nom, protégez-moi, priez pour moi, afin que je puisse servir Dieu comme vous sur la terre, et le glorifier éternellement avec vous dans le ciel. Ainsi soit-il.

Les Commandements de Dieu et de l'Eglise, ci-devant, page 76.

LITANIES DU SAINT NOM DE JÉSUS.

Seigneur, ayez pitié de nous.	Kyrie, eleison.
Christ, ayez pitié de nous.	Christe, eleison.
Seigneur, ayez pitié de n.	Kyrie, eleison.
Jésus, écoutez-nous.	
Jésus, exaucez-nous.	Jesu, audi nos.
Dieu le Père, des cieux où vous êtes assis, ayez pitié de nous.	Iesu, exaudi nos. Pater de cœlis, Deus, miserere nobis.
Dieu le Fils, Rédempteur du monde, ayez pitié.	Fili, Redemptor mundi, Deus, miserere nobis.
Dieu le Saint-Esprit, ayez pitié de nous.	Spiritus sancte, Deus, miserere nobis.
Trinité sainte, qui êtes un seul Dieu, ayez pitié de nous.	Sancta Trinitas, unus Deus, miserere nobis.
Jésus, Fils du Dieu vivant,	Jesu, fili Dei vivi.
Jésus, splendeur du Père,	Jesu, splendor Patris.

Jésus, pureté de la lumière éternelle,	Jesu, candor lucis aeternae,
Jésus, roi de gloire,	Jesu, rex gloriae,
Jésus, soleil de justice,	Jesu, sol justitiae,
Jésus, Fils de la Vierge Marie,	Jesu, Fili Mariae Virginis,
Jésus, aimable,	Jesu amabilis,
Jésus, admirable,	Jesu admirabilis,
Jésus, Dieu fort,	Jesu Deus fortis,
Jésus, Père du siècle à venir,	Jesu, Pater futuri saeculi,
Jésus, ange du grand conseil,	Jesu, magni consilii Angele,
Jésus très-puissant,	Jesu potentissime,
Jésus très-patient,	Jesu patientissime,
Jésus très-obéissant,	Jesu obedientissime,
Jésus doux et humble de cœur,	Jesu mitis et humilis corde,
Jésus, amateur de la chasteté,	Jesu, amator castitatis,

Ayez pitié de n... — *Miserere nobis.*

Jésus, qui nous honorez de votre amour,	Jesu, amator noster,
Jésus, Dieu de paix,	Jesu, Deus pacis,
Jésus, auteur de la vie,	Jesu, auctor vitae,
Jésus, l'exemplaire des vertus,	Jesu, exemplar virtutum,
Jésus, zélateur des âmes,	Jesu, zelator animarum,
Jésus, notre Dieu,	Jesu, Deus noster,
Jésus, notre refuge,	Jesu, refugium nostrum,
Jésus, père des pauvres,	Jesu, Pater pauperum,
Jésus, trésor des fidèles,	Jesu, thesaurus fidelium,
Jésus, bon pasteur,	Jesu, bone pastor,
Jésus, vraie lumière,	Jesu, lux vera,
Jésus, sagesse éternelle,	Jesu, sapientia aeterna,
Jésus, bonté infinie,	Jesu, bonitas infinita,
Jésus, notre voie et notre vie,	Jesu, via et vita nostra,

Ayez pitié de nous. — *Miserere nobis.*

Jésus, la joie des Anges,	Jesu, gaudium Angelorum,
Jésus, le roi des Patriarches,	Jesu, rex patriarcharum,
Jésus, le maître des Apôtres,	Jesu, magister apostolorum,
Jésus, le docteur des Evangélistes,	Jesu, doctor Evangelistarum,
Jésus, la force des Martyrs,	Jesu, fortitudo martyrum,
Jésus, la lumière des Confesseurs,	Jesu, lumen confessorum,
Jésus, la pureté des Vierges,	Jesu, puritas virginum,
Jésus, la couronne de tous les Saints,	Jesu, corona Sanctorum omnium,

(Ayez pitié de nous. / Miserere nobis.)

Soyez-nous propice, Jésus, pardonnez-nous.	Propitius esto, parce nobis, Jesu.
Soyez-nous propice, Jésus, exaucez nos prières.	Propitius esto, exaudi nos, Jesu.
De tout péché délivrez-nous, Jésus.	Ab omni peccato libera nos, Jesu.
De votre colère,	Ab irâ tuâ,
Des embûches du démon,	Ab insidiis diaboli,
De l'esprit de fornication,	A spiritu fornicationis,
De la mort éternelle,	A morte perpetuâ,
Du mépris de vos divines inspirations,	A neglectu inspirationum tuarum,
Par le mystère de votre sainte incarnation,	Per mysterium sanctæ incarnationis tuæ,
Par votre nativité,	Per nativitatem tuam,
Par votre enfance,	Per infantiam tuam,
Par votre vie toute divine,	Per divinissimam vitam tuam,
Par vos travaux,	Per labores tuos,

(Délivrez-nous, Jésus. / Libera nos, Jesu.)

Par votre agonie et votre passion,	Per agoniam et passionem tuam,
Par votre Croix et par votre délaissement,	Per Crucem et derelictionem tuam,
Par vos langueurs.	Per languores tuos,
Par votre mort et par votre sépulture,	Per mortem et sepulturam tuam,
Par votre résurrection,	Per resurrectionem tuam,
Par votre ascension,	Per ascensionem tuam,
Par vos joies,	Per gaudia tua,
Par votre gloire,	Per gloriam tuam,
Agneau de Dieu, qui effacez les péchés du monde, pardonnez-nous, Jésus.	Agnus Dei, qui tollis peccata mundi, parce nobis, Jesu.
Agneau de Dieu, qui effacez les péchés du monde, exaucez-nous, Jésus.	Agnus Dei, qui tollis peccata mundi, exaudi nos, Jesu.
Agneau de Dieu, qui effacez les péchés du monde, ayez pitié de nous.	Agnus Dei, qui tollis peccata mundi, miserere nobis.
Jésus, écoutez-nous.	Jesu, audi nos.
Jésus, exaucez-nous.	Jesu, exaudi nos.

<table>
<tr><th>PRIONS.</th><th>OREMUS.</th></tr>
<tr><td>Seigneur, Jésus-Christ, qui avez dit : Demandez, et vous recevrez ; cherchez, et vous trouverez ; frappez, et il vous sera ouvert ; faites-nous, s'il vous plaît, la grâce de concevoir l'affection de votre amour tout divin, afin que nous vous aimions de tout notre cœur, en vous confes-</td><td>Domine, Jesu Christe, qui dixisti : Petite, et accipietis ; quærite, et invenietis ; pulsate, et aperietur vobis ; quæsumus, da nobis petentibus divinissimi tui amoris affectum, ut te toto corde, ore et opere diligamus, et à tuâ nunquàm laude cessemus : qui vivis et reg-</td></tr>
</table>

sant de bouche et d'action, et que jamais nous ne cessions de vous louer.
Ainsi soit-il.

nas in sæcula sæculorum,
Amen.

Acte de Foi.

Mon Dieu, je crois fermement tout ce que croit et enseigne la sainte Eglise, parce que c'est vous qui l'avez dit et révélé.

Acte d'Espérance.

Mon Dieu, j'espère vos grâces et mon salut par les mérites de Jésus-Christ, mon Sauveur.

Acte de Charité.

Mon Dieu, je vous aime de tout mon cœur et plus que toutes choses, parce que vous êtes infiniment bon et aimable, et j'aime mon prochain comme moi-même, pour l'amour de vous.

Acte de Contrition.

Mon Dieu, j'ai une grande douleur de vous avoir offensé, parce que vous êtes infiniment bon et infiniment aimable, que le péché vous déplaît, je me propose, moyennant votre sainte grâce, de ne plus vous offenser, de fuir les occasions du péché, de m'en confesser au plus tôt, et d'en faire pénitence.

Angelus, etc., ci-après, page. 100.

PRIÈRES DU SOIR.

Mettons nous en la présence de Dieu; adorons-le.

Je vous adore, ô mon Dieu! avec la soumission que m'inspire la présence de votre souveraine grandeur. Je crois en vous, parce que vous êtes la vérité même. J'espère en vous, parce que vous êtes infiniment bon. Je vous aime de tout mon cœur, parce que vous êtes souverainement aimable, et j'aime le prochain comme moi-même pour l'amour de vous.

Remercions Dieu des grâces qu'il nous a faites.

Quelles actions de grâces vous rendrai-je, ô mon Dieu! pour tous les biens que j'ai reçus de vous! Vous avez songé à moi de toute éternité, vous m'avez tiré du néant, vous avez donné votre vie pour me racheter, et vous me comblez encore tous les jours d'une infinité de faveurs. Hélas! Seigneur, que puis-je faire en reconnaissance de tant de bontés? Joignez-vous à moi, Esprits bienheureux, pour louer le Dieu de miséricorde qui ne cesse de faire du bien à la plus indigne et la plus ingrate de ses créatures.

Demandons à Dieu de connaître nos péchés.

Source éternelle de lumières, Esprit saint, dissipez les ténèbres qui me cachent la laideur et la malice du péché. Faites-m'en concevoir une si grande horreur, ô mon Dieu! que je le haïsse, s'il se peut, autant que vous le haïssez vous-même, et que je ne craigne rien tant que de le commettre à l'avenir.

Faisons un ferme propos de ne plus pécher.

Que je souhaiterais, ô mon Dieu! ne vous avoir jamais offensé. Mais puisque j'ai été assez malheureux que de vous déplaire, je vais vous marquer la douleur que j'en ai par une conduite tout opposée à celle que j'ai gardée jusqu'ici. Je renonce dès à présent au péché et à l'occasion du péché, surtout de celui où j'ai la faiblesse de retomber si souvent, et si vous daignez m'accorder votre grâce, ainsi que je la demande et que je l'espère, je tâcherai de remplir fidèlement mes devoirs, et rien ne sera capable de m'arrêter quand il s'agira de vous servir.

Ainsi soit-il.

Notre Père, etc., *ci-devant, page* 85.

Je vous salue, etc., *ci-devant, page* 86.

Je crois en Dieu, etc., *ci-devant, page* 86.

Je confesse à Dieu tout-puissant, à la bienheureuse Marie, toujours Vierge, à saint Michel, archange, à saint Jean Baptiste, aux saints apôtres Pierre et Paul, à tous les Saints, et à vous, mon Père, que j'ai beaucoup péché, par pensées, par paroles et par actions : c'est ma faute, c'est ma faute, c'est ma très-grande faute ; c'est pourquoi je prie la bienheureuse Marie, toujours Vierge, saint Michel, archange, saint Jean-Baptiste et les saints apôtres Pierre et Paul, tous les Saints, et vous, mon Père, de prier pour moi le Seigneur notre Dieu.

Que le Dieu tout-puissant nous fasse miséricorde, qu'il nous pardonne nos péchés et nous conduise à la vie éternelle. Ainsi soit-il.

Que le Seigneur tout-puissant et miséricordieux nous donne indulgence, absolution et rémission de tous nos péchés. Ainsi soit-il.

Recommandons-nous à Dieu, à la sainte Vierge et aux Saints.

Bénissez, ô mon Dieu ! le repos que je vais prendre pour réparer mes forces, afin de vous mieux servir. Vierge sainte, Mère de mon Dieu, et après lui mon unique espérance ; mon bon Ange, mon saint patron, intercédez pour moi, protégez-moi pendant cette nuit, tout le temps de ma vie et à l'heure de ma mort.

Prions pour les vivants et pour les fidèles trépassés.

Répandez, Seigneur, vos bénédictions sur mes parents, mes bienfaiteurs, mes amis et mes ennemis. Protégez tous ceux que vous m'avez donnés pour maîtres, tant spirituels que temporels, secourez les pauvres, les prisonniers, les affligés, les voyageurs, les malades et les agonisants. Convertissez les hérétiques, et éclairez les infidèles.

Dieu de bonté et de miséricorde, ayez aussi pitié des âmes des fidèles qui sont dans le purgatoire. Mettez fin à leurs peines, et donnez à celles pour lesquelles je suis obligé de prier, le repos et la lumière éternelle. Ainsi soit-il.

LITANIES DE LA SAINTE VIERGE.

Seigneur, ayez pitié de nous.	Kyrie, eleison.
Christ, ayez pitié de nous.	Christe, eleison.
Seigneur, ayez pitié de n.	Kyrie, eleison.
Christ, écoutez-nous.	Christe, cleison.
Christ, exaucez-nous.	Christe, exaudi nos.
Dieu le Père, des cieux où vous êtes assis, ayez pitié de nous.	Pater de cœlis, Deus, miserere nobis.
Dieu le Fils, Rédempteur du monde, ayez pitié de nous	Fili, Redemptor mundi, Deus, miserere nobis.
Dieu le Saint-Esprit, ayez pitié de nous.	Spiritus sancte, Deus, miserere nobis
Trinité sainte, qui êtes un seul Dieu, ayez pitié de nous	Sancta Trinitas, unus Deus, miserere nobis.
Sainte Marie, priez pour nous.	Sancta Maria, ora pro nobis.
Sainte Mère de Dieu,	Sancta Dei Genitrix,

Sainte Vierge des Vierges,	Sancta Virgo virginum,
Mère du Christ,	Mater Christi,
Mère de la divine grâce,	Mater divinæ gratiæ,
Mère très-pure,	Mater purissima,
Mère très-chaste,	Mater castissima,
Mère sans tache,	Mater inviolata,
Mère sans corruption,	Mater intemerata,
Mère aimable,	Mater amabilis,
Mère admirable,	Mater admirabilis,
Mère du Créateur,	Mater Creatoris,
Mère du Sauveur,	Mater Salvatoris,
Vierge très-prudente,	Virgo prudentissima,
Vierge vénérable,	Virgo veneranda,
Vierge célèbre,	Virgo prædicanda,
Vierge puissante,	Virgo potens,
Vierge clémente,	Virgo clemens,
Vierge fidèle,	Virgo fidelis,
Miroir de justice,	Speculum justitiæ,
Temple de sagesse,	Sedes sapientiæ,
Cause de notre joie,	Causa nostræ lætitiæ,
Vaisseau spirituel,	Vas spirituale,
Vaisseau honorable,	Vas honorabile,
Vaisseau insigne de dévotion,	Vas insigne devotionis,
Rose mystique,	Rosa mystica,
Tour de David,	Turris Davidica,
Tour d'ivoire,	Turris eburnea,
Maison dorée,	Domus aurea ;
Arche d'alliance,	Fœderis arca,
Porte du ciel,	Janua cæli,
Etoile du matin,	Stella matutina,
Santé des infirmes,	Salus infirmorum,
Refuge des pécheurs,	Refugium peccatorum,
Consolatrice des affligés,	Consolatrix afflictorum,
Secours des Chrétiens,	Auxilium Christianorum,

Priez pour nous. / *Ora pro nobis.*

Reine des Anges,	Priez pour nous.	Regina Angelorum,
Reine des Patriarches,		Regina Patriarcharum,
Reine des Prophètes,		Regina Prophetarum,
Reine des Apôtres,		Regina Apostolorum,
Reine des Martyrs,		Regina Martyrum,
Reine des Confesseurs,		Regina Confessorum,
Reine des Vierges,		Regina Virginum,
Reine du Clergé,		Regina Cleri,
Reine de tous les Saints,		Regina Sanctorum omnium,

Ora pro nobis.

Agneau de Dieu, qui effacez les péchés du monde, pardonnez-nous, Seigneur.

Agnus Dei, qui tollis peccata mundi, parce nobis, Domine.

Agneau de Dieu, qui effacez les péchés du monde, exaucez-nous, Seigneur.

Agnus Dei, qui tollis peccata mundi, exaudi nos, Domine.

Agneau de Dieu, qui effacez les péchés du monde, ayez pitié de n.

Agnus Dei, qui tollis peccata mundi, miserere nobis.

Christ, écoutez-nous.
Christe, audi nos.

Christ, exaucez-nous.
Christe, exaudi nos.

℣. Sainte Mère de Dieu, priez pour nous,

℣. Ora pro nobis, sancta Dei Genitrix.

℟. Afin que nous soyons faits dignes des promesses de Jésus-Christ.

℟. Ut digni efficiamur promissionibus Christi.

PRIONS.

OREMUS.

Seigneur, nous vous supplions de répandre votre grâce dans nos âmes, afin qu'ayant connu par la voix de l'Ange l'Incarnation de votre Fils Jésus-Christ, nous arrivions, par sa Passion et sa Croix, à la gloire

Gratiam tuam, quæsumus, Domine, mentibus nostris infunde, ut qui, Angelo nuntiante, Christi Filii tui Incarnationem cognovimus, per Passionem ejus et Crucem, ad Resurrectionis gloriam

de sa Résurrection : par le même Jésus-Christ Notre Seigneur. Ainsi soit-il. | perducamur : per Christum Dominum nostrum. Amen.

Autre Oraison.

Nous vous supplions, Seigneur, de visiter cette demeure et d'en éloigner toutes sortes d'embûches de l'ennemi : que vos saints Anges y habitent, afin de nous conserver en paix, et que votre bénédiction soit toujours sur nous. Par Notre Seigneur Jésus-Christ. Ainsi soit-il.

Prière à tous les saints.

Ames très-heureuses, qui avez eu la grâce de parvenir à la gloire, obtenez-moi deux choses de celui qui est notre commun Dieu et Père : que je ne l'offense jamais mortellement, et qu'il ôte de moi tout ce qui lui déplaît. Ainsi soit-il.

Recommandons à Dieu les âmes des Fidèles trépassés.

De profundis clamavi ad te, Domine : Domine, exaudi vocem meam.

Fiant aures tuæ intendentes : in vocem deprecationis meæ.

Si iniquitates observaveris, Domine : Domine, quis sustinebit ?

Quia apud te propitiatio est : et propter legem tuam sustinui te, Domine.

Sustinuit anima mea in verbo ejus : speravit anima mea in Domino.

A custodiâ matutinâ usque ad noctem : speret Israel in Domino.

Quia apud Dominum misericordia : et copiosa apud eum redemptio.

Et ipse redimet Israel : ex omnibus iniquitatibus ejus.

℣. Requiem æternam dona eis Domine ;
℟. Et lux perpetua luceat eis.
℣. Domine, exaudi orationem meam.
℟. Et clamor meus ad te veniat.

OREMUS.

Fidelium, Deus, omnium conditor et redemptor, animabus famulorum famularumque tuarum remissionem cunctorum tribue peccatorum, ut indulgentiam quam semper optaverunt piis supplicationibus consequantur. Qui vivis et regnas in sæcula sæculorum. Amen.

℣. Requiescant in pace. ℟. Amen.

Mon Dieu, donnez-leur le repos éternel, et faites luire sur eux votre éternelle lumière. Ainsi soit-il.

Angelus, etc., *ci-après, page* 100.

PRIÈRES
POUR LES PRINCIPALES ACTIONS DE LA JOURNÉE.

Avant le travail.

Mon Dieu, je vous offre mon travail : je désire le faire pour votre amour et pour mon salut : donnez-moi, Seigneur, votre bénédiction.

Pour la récréation.

O Dieu, qui voulez bien nous accorder un temps de repos pour nous récréer et nous relâcher l'esprit, afin que nous puissions ensuite nous appliquer à l'étude avec plus de succès et d'ardeur, accordez-nous la grâce d'user avec modération de ce bienfait de votre divine Providence. Préservez-nous de faire la moindre chose qui puisse vous déplaire ou scandaliser le prochain ; que tout au contraire serve à votre gloire et à l'édification.

Avant le repas.

Mon Dieu, je vous prie de bénir la nourriture que je vais prendre, afin d'avoir des forces pour vous mieux servir.

Après le repas.

Nous vous remercions, Seigneur, de tous vos bienfaits ; ô vous qui régnez dans les siècles des siècles. Ainsi soit-il.

Quand on sonne l'Angelus.

Angelus Domini nuntiavit Mariæ : Et concepit de Spiritu Sancto. — Ave, Maria, etc.

Ecce ancilla Domini : Fiat mihi secundum verbum tuum. — Ave, Maria, etc.

Et verbum caro factum est : Et habitavit in nobis. — Ave Maria, etc.

℣. Ora pro nobis, sancta Dei genitrix.

℞. Ut digni efficiamur promissionibus Christi.

OREMUS.

Gratiam tuam, quæsumus, Domine, mentibus nostris infunde, ut qui, Angelo nuntiante, Christi Filii tui Incarnationem cognovimus, per Passionem ejus et Crucem, ad Resurrectionis gloriam perducamur : per eumdem Christum Dominum nostrum.

ou, en français.

L'Ange du Seigneur annonça à Marie qu'elle serait la Mère du Sauveur : Et elle le conçut par l'opération du Saint-Esprit. — Je vous salue, etc.

Voici la servante du Seigneur : Qu'il me soit fait selon votre parole.— Je vous salue, etc. Et le Verbe s'est fait chair : Et il a habité parmi nous. — Je vous salue, etc.

℣. *Sainte Mère de Dieu, priez pour nous,*
℟. *Afin que nous soyons rendus dignes des promesses de Jésus-Christ.*

PRIONS.

Seigneur, répandez votre grâce dans nos âmes, afin qu'après avoir connu, par la voix de l'Ange, le mystère de l'Incarnation de votre Fils, nous puissions arriver heureusement, par les mérites de sa Passion et de sa Croix, à la gloire de sa résurrection, par le même Jésus-Christ Notre-Seigneur.
Ainsi soit-il.

Quand l'heure sonne.

Mon Dieu, chaque moment me rapproche de la mort : faites moi la grâce de passer cette heure sans vous offenser.

Ou bien : Mon Dieu, je vous aime et je veux toujours vous aimer davantage.

Dans les tentations.

Mon Dieu, venez à mon secours. — Sainte

Marie, priez pour moi. — *Plutôt mourir, ô mon Dieu! que de vous offenser.*

Quand vous entendez offenser Dieu.

Notre Père, qui êtes dans les cieux, que votre nom soit sanctifié; qu'il soit aimé et loué par tous les Anges et par tous les hommes.

Quand il vous arrive quelque peine.

Mon Père, que votre volonté soit faite et non pas la mienne. — *Aimable Jésus, soutenez-moi dans cette affliction.*

Le Memorare.

Souvenez-vous, ô très-douce Vierge Marie! que jamais on n'a ouï dire que personne ait eu recours à votre protection, imploré votre assistance, ou demandé votre intercession, et que vous l'ayez abandonné. Animée d'une pareille confiance, je cours vers vous, ô Vierge des vierges, et notre Mère! je me réfugie à vos pieds, et, toute pécheresse que je suis,	Memorare, ô piissima Virgo Maria! non esse auditum à sœculo, quemquam ad tua currentem præsidia, tua implorantem auxilia, tua petentem suffragia, esse derelictum. Ego tali animatus confidentiâ, ad te, Virgo virginum, Mater, curro, ad te venio; coram te gemens peccator assisto. Noli, Mater Verbi, verba mea despi-

j'ose paraître devant vous en gémissant. Ne méprisez pas, ô Mère de mon Dieu! mes humbles prières; mais rendez-vous propice, exaucez-les et intercédez pour moi auprès de votre cher Fils.
Ainsi soit-il.

cere, sed audi propitia et exaudi.

Amen.

Pour demander la pureté.

Par votre très-sainte virginité et votre immaculée Conception, ô Vierge très-pure et Reine des anges! obtenez que mon corps et mon âme soient purifiés.

Antienne à la sainte Vierge.

Nous nous mettons sous votre protection, sainte Mère de Dieu; ne méprisez pas les prières que nous vous adressons dans nos besoins; mais délivrez-nous sans cesse de tous les périls, ô Vierge comblée de gloire et de bénédictions!

Sub tuum præsidium confugimus, sancta Dei genitrix; nostras deprecationes ne despicias in necessitatibus nostris, sed a periculis cunctis libera nos semper, Virgo gloriosa et benedicta.

PRINCIPAUX ARTICLES DE LA DOCTRINE CHRÉTIENNE.

Un Dieu créateur et rémunérateur. — Principaux attributs.

Crois un Dieu Créateur du ciel et de la terre,
Qui conserve et gouverne en maître l'univers.
Infini, juste et bon, de l'homme il est le père,
Réserve aux bons le ciel, aux méchants les enfers.

Refrain.

Oui, Seigneur, nous croyons ces vérités divines;
Mais daignez augmenter cette foi dans nos cœurs.
Nul ne sera sauvé, s'il ne tient ces doctrines,
Et ne s'efforce en tout d'y conformer ses mœurs.

Mystère de la sainte Trinité, révélé de Dieu.

Crois de la Trinité le mystère suprême :
Trois personnes en Dieu : Père, Fils, Saint-Esprit.
Ils sont tous trois égaux; leur nature est la même.
L'Eglise, notre Mère, ainsi de Dieu l'apprit.

Mystère de l'Incarnation. — Péché originel.

Pour laver dans son sang la tache originelle,
Crois que le Fils de Dieu pour nous s'est incarné.
Sans Jésus, l'homme était, à la mort éternelle,
Pour le péché d'Adam, justement condamné.

Mystère de la Rédemption. — Abrégé de la vie de Jésus-Christ.

Conçu du Saint-Esprit, né d'une Vierge-Mère,
Humble, pauvre et soumis, parmi nous il vécut.
Guérit nos maux, prêcha l'Evangile à la terre,
Et pour nous racheter sur la croix il mourut.

Résurrection. — Ascension. — Jugement dernier.

Mais bientôt sur la mort remportant la victoire,
A la droite du Père il monta dans le ciel.
Un jour, nous le verrons descendre plein de gloire,
Pour prononcer à tous notre arrêt éternel.

Saint Esprit. — Justification du pécheur.

Le Père t'a créé par sa toute-puissance ;
Le Fils, pour te sauver, a versé tout son sang.
L'Esprit-Saint, de ses dons t'accordant l'abondance,
Rend ton cœur juste et saint, de Dieu te fait l'enfant.

Nécessité de la prière, de la grâce, de la fréquentation des sacrements.

Adresse au ciel une humble et constante prière.
Sans la grâce à tout bien nous sommes impuissants.
De Jésus, par Marie, obtiens force et lumière,
Et surtout avec foi recours aux Sacrements.

Confession. — Fuite de l'occasion.

Dieu du plus grand pécheur reçoit la pénitence.
Reviens, humble et contrit ; sois franc dans tes aveux;
Sois ferme en ton propos, sauve ton innocence
De toute occasion, de tout mal dangereux.

Motifs de contrition. — Maux qu'entraîne le péché.

Pour haïr ton péché, songe aux maux qu'il amène.
Monte au ciel en esprit; vois quel trône tu perds!...
Descends, et des damnés vois l'éternelle peine!
Viens au Calvaire, et là verse des pleurs amers!...

Eucharistie. — Communion fréquente.

Dans la communion, Dieu t'offre en nourriture
Son corps, son sang, son âme et sa divinité.
S'il change ici pour toi les lois de la nature,
Il veut que ce banquet soit par toi fréquenté.

Eglise. — Institution divine. — Infaillibilité. — Suprématie au Pape. — Perpétuité.

Crois encor qu'ici bas il a fondé l'Eglise;
De son Esprit divin il l'assiste toujours ;
Comme à son chef suprême au Pape il l'a soumise;
Avec elle il sera jusqu'à la fin des jours.

Fins dernières de l'homme.

Souviens-toi que pour lui Dieu t'a mis sur la terre.
Le temps fuit, la mort vient; et puis l'éternité!...
Ou le ciel, ou l'enfer, au bout de ta carrière...
Connais, aime et sers Dieu; le reste est vanité!

P. Ars. Lefèvre.

0, 1, 2, 3, 4, 5, 6, 7, 8, 9.
TABLE DE MULTIPLICATION.

2 fois 2 font	4	5 fois 5 font	25	9 fois 9 font	81
2	3	6	5	6	30	9	10	90
2	4	8	5	7	35	9	11	99
2	5	10	5	8	40	9	12	108
2	6	12	5	9	45	9	13	117
2	7	14	5	10	50	9	14	126
2	8	16	5	11	55	9	15	135
2	9	18	5	12	60			
2	10	20	5	13	65	10 fois 10 f.	100
2	11	22	5	14	70	10	11	110
2	12	24	5	15	75	10	12	120
2	13	26				10	13	130
2	14	28	6 fois 6 font	36	10	14	140
2	15	30	6	7	42	10	15	150
			6	8	48			
3 fois 3 font	9	6	9	54	11 fois 11 f	121
3	4	12	6	10	60	11	12	132
3	5	15	6	11	66	11	13	143
3	6	18	6	12	72	11	14	154
3	7	21	6	13	78	11	15	165
3	8	24	6	14	84			
3	9	27	6	15	90	12 fois 12 f.	144
3	10	30				12	13	156
3	11	33	7 fois 7 font	49	12	14	168
3	12	36	7	8	56	12	15	180
3	13	39	7	9	63			
3	14	42	7	10	70	13 fois 13 f.	169
3	15	45	7	11	77	13	14	182
			7	12	84	13	15	195
4 fois 4 font	16	7	13	91			
4	5	20	7	14	98			
4	6	24	7	15	105	14 fois 14 f.	196
4	7	28				14	15	210
4	8	32	8 fois 8 font	64			
4	9	36	8	9	72	15 fois 15 f	225
4	10	40	8	10	80	15	16	240
4	11	44	8	11	88	15	17	255
4	12	48	8	12	96	15	18	270
4	13	52	8	13	104	15	19	285
4	14	56	8	14	112	15	20	300
4	15	60	8	15	120			

Modèle de Ronde.

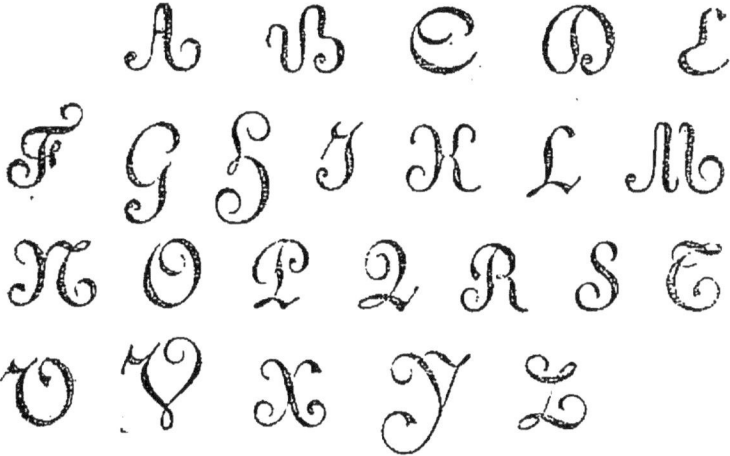

Modèle d'Anglaise.

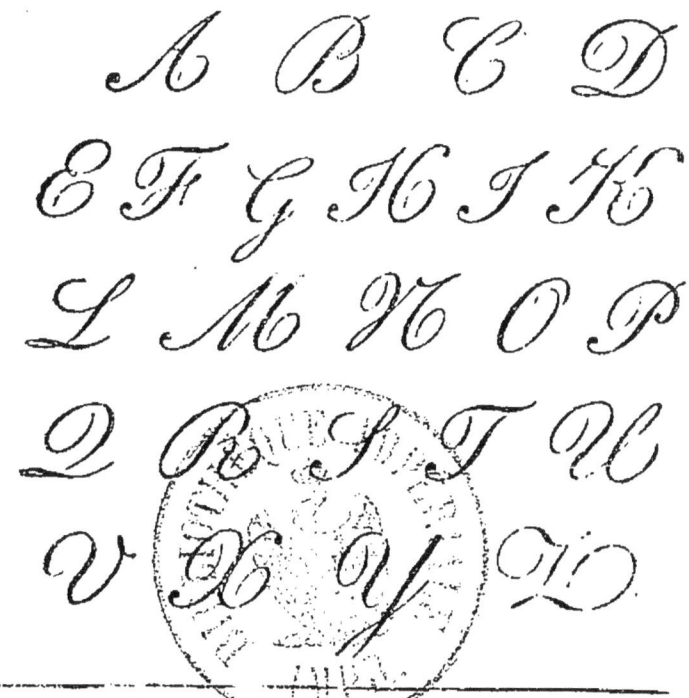

Clermont-Ferrand, typ. Mont-Louis.

www.ingramcontent.com/pod-product-compliance
Lightning Source LLC
Chambersburg PA
CBHW070247100426
42743CB00011B/2163